Paris
1862

Dameth, Claude-Marie dit Henri

L'Economie politique et le spiritualisme...

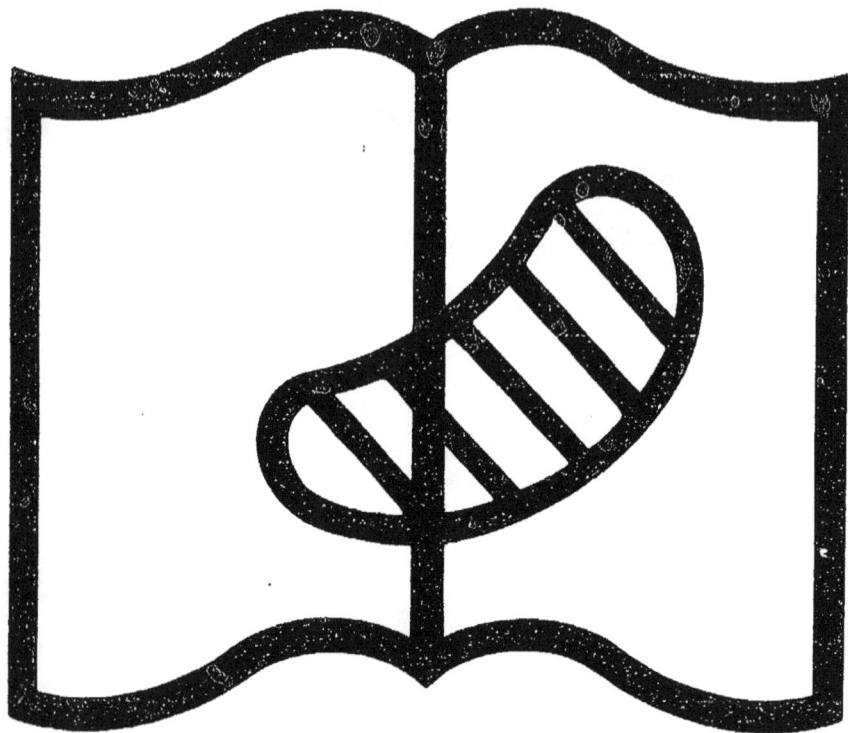

Symbole applicable
pour tout, ou partie
des documents microfilmés

Original illisible

NF Z 43-120-10

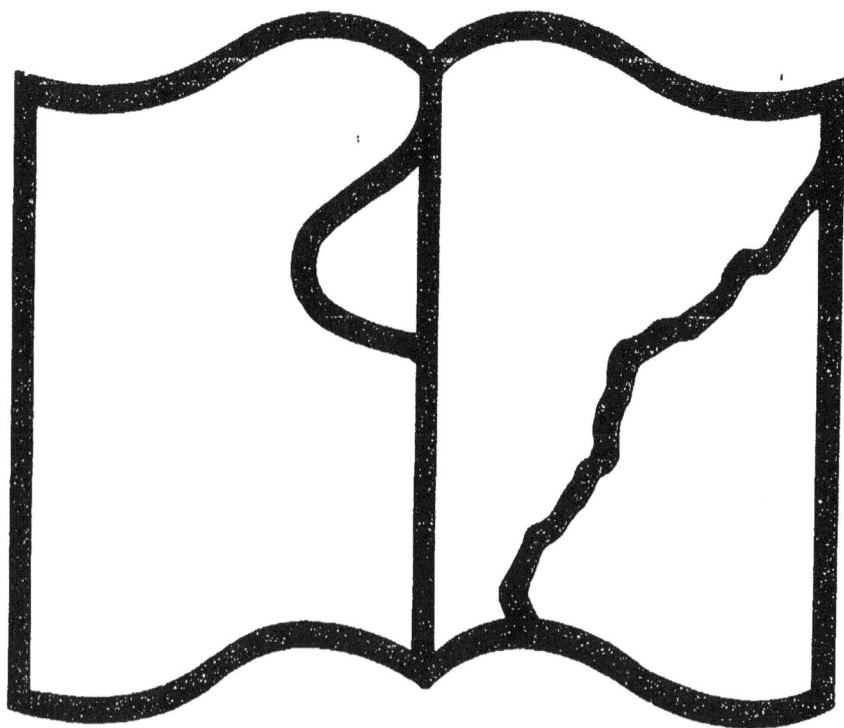

**Symbole applicable
pour tout, ou partie
des documents microfilmés**

Texte détérioré — reliure défectueuse

NF Z 43-120-11

R

ابجدی

L'ÉCONOMIE POLITIQUE

ET

LE SPIRITUALISME

PAR

H. DAMETH

(Extrait du JOURNAL DES ÉCONOMISTES, n° du 15 mai 1862)

PARIS

GUILLAUMIN ET Cⁱᵉ, ÉDITEURS

RUE RICHELIEU, 14

1862

L'ÉCONOMIE POLITIQUE

ET

LE SPIRITUALISME

La détermination des rapports de l'économie politique avec les autres sciences de l'ordre moral, forme et formera de plus en plus, croyons-nous, un des efforts caractéristiques de l'école économique contemporaine.

Tout a été dit sur la haute valeur et sur l'opportunité de cette tendance. Je me propose ici pour but d'examiner quelle préparation elle suppose chez les écrivains qui s'y adonnent et quelle mesure il peut être utile d'y garder.

On ne saurait se dissimuler en effet que les travaux de ce genre ouvrent devant les pas de l'économiste une carrière nouvelle, une carrière immense et pleine de dangers. Pour établir pertinemment les rapports de deux sciences entre elles, ne faut-il pas connaître presque également l'une et l'autre de ces sciences?.... Pour être en mesure de dire avec autorité: « Le monde industriel touche dans tel et tel sens à la politique, à la philosophie, à la morale, au droit, etc., fournit et demande telles conclusions sous ces différents aspects, » suffirait-il d'un essai de vague et superficielle généralisation comme il s'en fait tant aujourd'hui?....

L'économiste n'est pas tenu à coup sûr de posséder toutes les sciences qui avoisinent la sienne. Bien plus, ce serait folie à lui d'y prétendre. Le développement qu'a pris, au sein de l'âge moderne, chaque champ d'étude, condamne à une radicale impuissance l'ambition d'être universel, et oblige l'homme qui veut savoir à fond quelque chose, non seulement de n'embrasser qu'un de ces champs d'étude, mais encore de se concentrer dans la culture d'une de ses parties. Et cependant, comment déterminer avec exactitude les relations de plusieurs éléments se pénétrant réciproquement de mille façons sans se confondre, si l'on ignore quelle est la nature intime de chacun d'eux ?

Ce n'est pas tout. Il y a philosophie et philosophie, politique et politique, morale et morale, etc. La discordance de vues, la pénurie de principes incontestés, qu'on reproche tant et trop aux travaux d'économie sociale, se manifestent avec plus d'intensité encore dans les autres sciences du même ordre. Or, peut-il être loisible à l'économiste de pactiser indifféremment avec une des théories quelconques auxquelles la politique, la philosophie, la morale, le droit, etc. ont donné jour?... En fin de compte, il n'y a, spéculativement parlant, et il ne peut y avoir qu'une vraie morale, qu'une vraie philosophie, qu'une vraie politique, etc. L'économiste n'irait donc à rien de moins que de mettre en péril la solidité de sa propre science, s'il lui donnait pour alliée ou pour corollaire une philosophie, par exemple, qui ne serait pas la vraie philosophie, et lui en imposait la solidarité. Il devra donc connaître les théories diverses et savoir au juste où elles aboutissent, sous peine de se laisser entraîner par ses inclinations de nature ou de position en politique, en philosophie, en religion, inclinations fort respectables, comme expression du sentiment personnel, mais tout à fait insuffisantes pour le digne accomplissement d'une œuvre scientifique.

Et pourtant, je le répète, ne serait-il pas chimérique d'espérer qu'un spécialiste se trouvera capable de résoudre des problèmes relevant d'une autre spécialité que la sienne, et sur lesquels la divergence d'opinions est encore le partage des hommes qui s'en occupent exclusivement ?.... Quoi ! les philosophes de profession se divisent en écoles profondément opposées entre elles ; les politiques, les théologiens, les juristes, etc., présentent le même spectacle, et il incomberait à l'économiste, véritable intrus, relativement parlant, en semblables matières, d'y jouer le rôle d'arbitre et de prononcer avec compétence sur la valeur comparée des systèmes!... Au nom du bon sens, au nom des intérêts de la science économique elle-même, et toute réserve faite pour les droits du génie, cela ne se peut.

Nous trouvons donc ici une question de limite très-délicate à tracer.

I

Question de limite, dis-je seulement ; car il reste admis que l'économiste qui veut traiter des rapports de la science des richesses avec la morale doit être moraliste, des rapports de la science des richesses avec la philosophie, avec la politique, avec le droit, etc., doit apporter dans cette entreprise une connaissance approfondie du droit, de la philosophie et de la politique. Rien que pour bien raisonner économie sociale, ne faut-il pas déjà connaître un peu toutes ces choses ? Mais, question de limite très-importante et très-délicate, car vouloir embrasser d'un coup d'œil également sûr et complet plusieurs sujets si spéciaux, chacun, et si vastes, c'est oublier la grande, l'inflexible loi de division des fonctions, c'est vouer à un insuccès certain la plus courageuse des entreprises !

Heureusement, pour échapper aux écueils entre lesquels il doit ainsi marcher, l'économiste possède deux principes de direction. Le premier réside dans la sauvegarde de sa propre indépendance comme économiste, le second se trouve naturellement fourni par l'état général des sciences mêmes qu'il s'agit de comparer.

Je dis d'abord que la sauvegarde de sa propre indépendance, c'est-à-dire la liberté, l'autonomie de sa propre science à maintenir partout et toujours, doit servir de fil conducteur à l'économiste. Chaque science est autonome ou, en d'autres termes, tire d'elle-même ses lois et son mode de vivre. Sans cette condition fondamentale une science n'existe pas. Cela n'a guère besoin de se démontrer. S'il y a lieu de distinguer telle science de toute autre, c'est parce que les êtres ou les choses qui en constituent l'objet forment un domaine particulier, spécial, *sui generis*, exigeant pour être compris une étude directe, et se liant les uns aux autres par un principe d'homogénéité de nature et de destination. Si les astres ne fournissaient pas un champ d'observation déterminé, et si cette observation ne tendait point à la connaissance des éléments propres du mouvement sidéral, si enfin les lois de ce mouvement n'étaient qu'une dépendance de celles de la chimie ou de la physique ou de la géologie, la science astronomique n'aurait point de raison d'être. Il en est de même de toutes les autres sciences, aussi bien de l'ordre philosophique que de l'ordre matériel. L'économie politique, par exemple, n'a commencé d'exister que du jour où l'on a reconnu que les phénomènes du monde industriel ne devaient point être confondus avec ceux du monde politique, du monde moral, etc., qu'ils possédaient une essence propre et contenaient en eux-mêmes la norme de leur production et de leur classement.

Toute science digne de ce nom est donc autonome. Cela ne veut point dire qu'elle puisse vivre dans un entier isolement ou que les êtres dont elle s'occupe lui appartiennent d'une façon exclusive ; car ces êtres, l'homme surtout, sont complexes, et si, envisagés sous un certain point de vue, ils fournissent la matière distincte de telle science, envisagés sous d'autres points de vue, ces mêmes êtres offrent le sujet d'une et plusieurs autres sciences. Dans chacune des sciences morales et politiques, il s'agit toujours de l'homme, considéré tantôt dans ses opérations psychiques, tantôt dans sa vie extérieure, tantôt dans ses besoins et dans son activité productrice, tantôt comme membre de la société politique, tantôt comme être moral, etc., etc.

Aussi l'autonomie indubitable de chaque science ne fait-elle nullement obstacle au groupement ascendant des sciences entre elles et à leur raccordement général jusqu'à former comme les anneaux d'une seule chaîne embrassant la totalité des phénomènes et des êtres, ni à la conception idéale qui ramène toutes nos acquisitions intellectuelles à l'unité du principe générateur de la connaissance. Mais elle implique forcément qu'aucune science particulière n'est vassale d'une autre science, et n'a besoin de faire dépendre la certitude de ses lois propres de l'excellence des lois de cette dernière. A plus forte raison implique-t-elle que cette certitude ne dépend point de la valeur des hypothèses servant de base aux systèmes qui peuvent avoir cours en dehors de son domaine.

Conséquemment, que l'on dise : « L'économie politique a des rapports naturels et nécessaires avec toutes les autres sciences morales et politiques; l'intelligence de ces rapports fait découvrir une harmonie de principes et permet d'établir un concert d'action entre ces diverses sciences, également favorables aux unes et aux autres. » Mais qu'on n'ajoute pas : « Ce double accord n'est possible qu'autant qu'un des systèmes auxquels donnent lieu ces autres sciences, sera seul admis. » Qu'on ne dise pas surtout : « L'économie politique est impuissante par elle-même et doit tirer toute sa lumière ou toute sa force de ce système. » Car si on dit cela, l'indépendance de l'économie politique est atteinte, son autonomie s'efface; elle se trouve réduite au rôle de satellite gravitant vers un astre supérieur et ne faisant que refléter ses rayons.

Eh bien, dans les travaux de détermination des rapports de l'économie politique avec d'autres sciences, on n'a pas toujours gardé cette mesure; on l'a même plus d'une fois résolument franchie, et de pareilles doctrines ont obtenu la plus éclatante sanction.

J'ai indiqué un second principe de direction, à savoir l'état général des sciences dont il s'agit d'établir les relations entre elles. Il y a dans toutes les sciences morales des vérités acquises, démontrées et dont le nombre va, du reste, s'accroissant chaque jour. Voilà le terrain sur lequel seul l'entente doit se réaliser. Que l'économiste proclame non la sujétion, mais la concordance des lois économiques avec ces vérités. Qu'il suive, en outre, pas à pas les conquêtes des spécialistes de chaque ordre pour en enrichir sa thèse. Mais une partie desdites sciences subit encore le joug des hypothèses métaphysiques. Que l'économiste s'arrête à ce point; qu'il ne prétende ni trancher ces hypothèses ni encore moins y asservir les destins de l'économie politique. On n'a pas su non plus toujours éviter cet écueil.

Raisonnons maintenant sur des exemples.

II

Supposons qu'il soit question des rapports de l'économie politique avec la politique ou le gouvernement.

Ces rapports sont tout à la fois négatifs et positifs. Ils sont négatifs d'abord et au premier chef, parce que la conception seule de l'organisme industriel des sociétés fait éclater l'immense distinction qu'a mise la nature entre l'économie sociale et le gouvernement. L'idée première d'une science des richesses est même sortie de cette distinction. Cependant les relations de l'ordre économique avec l'ordre politique sont positifs aussi : le premier, en effet, se constituerait et se maintiendrait difficilement sans le second; et puis l'État, instrument de l'ordre politique, remplit une mission importante dans l'ordre économique, celle de protéger contre l'injustice, la violence, la fraude, les intérêts particuliers et, jusqu'à un certain point, de favoriser leur essor.

Ce peu de lignes indique suffisamment sur quel terrain doit s'opérer la recherche des rapports de l'économie politique avec la politique.

Est-il interdit de dépasser ce terrain?... Ne pourra-t-on pas examiner, par exemple, s'il existe des principes généraux de gouvernement correspondants à ceux de la science des richesses? — On le peut sans nul doute, et cet examen s'impose presque de lui-même à l'esprit comme partie intégrante de l'œuvre projetée. Il y a d'autant moins de danger à poursuivre cet examen que les acquisitions du progrès scientifique sont visiblement communes à la politique et à l'économie sociale. Ce qui est démontré vrai pour l'un l'est également pour l'autre.

Mais voudrait-on aller au delà de cette concordance de principes généraux et décider, au nom de la science des richesses, entre les diverses formes de gouvernement qui divisent encore les théoriciens politiques, et servent d'aliment ou de prétexte aux discordes civiles? — L'opération devient dangereuse et met en péril l'indépendance de l'économie politique. Pour être économiste orthodoxe, il faudra se déclarer républicain ou monarchiste, radical ou conservateur. Qui de nous accepterait une pareille alternative?

Je ne plaide pas ici, on le comprend, la cause de l'indifférence en matière politique. Rien n'est plus éloigné de ma pensée. L'économiste peut et doit presque, comme citoyen, posséder sa conviction personnelle touchant le mérite relatif des diverses formes de gouvernement. Je crois même qu'il trouve dans la science économique un mode d'appréciation des théories gouvernementales et plus sûr et plus élevé que ne pourrait lui en fournir tout autre genre d'études. Cependant l'expérience prouve que ce mode d'appréciation ne suffit pas; car si l'on est en droit d'affirmer que tout économiste professe des opinions politiques libérales et progressives, on ne saurait prétendre que tous les économistes opteraient pour la même forme de gouvernement.

Et comment le pourraient-ils en présence des anomalies dont ils sont témoins?... De tous les systèmes gouvernementaux que la France a expérimentés depuis un demi-siècle, ceux qui semblaient les plus aptes, théoriquement, à favoriser le progrès économique du pays, ne lui ont-ils pas au contraire fait le plus vivement obstacle? Quelle réforme industrielle, commerciale, financière ont accomplie les deux régimes constitutionnels que nous avons traversés?... Ce que pensaient et pensent encore de la science économique les hommes d'État de ces régimes, nous le savons de reste. Nous avons vu aussi à l'œuvre les représentants de la pure démocratie. Il sera facile d'objecter que le passé ne préjuge pas l'avenir et que les mécomptes dont je viens de parler sont imputables à l'ignorance des hommes et non à la logique des principes. Je l'admets de grand cœur. Mais il n'en demeure pas moins évident que la science économique ne gagnerait rien à prendre en politique une position exclusive sur un terrain qui sert encore de théâtre à la compétition des partis.

Cette conclusion me suffit.

III

Je n'ai touché au sujet précédent qu'afin de donner, aux yeux de mes lecteurs, plus d'ampleur et d'impartialité à l'examen du sujet que je vais aborder maintenant.

La tentative la plus importante qui ait été faite au temps présent dans le sens du raccordement de l'économie avec d'autres sciences est celle qui a eu pour objet la détermination de ses rapports avec la morale.

Il était logique de commencer par ce point le travail de synthèse. L'intérêt et la vertu formant, en quelque sorte, les deux organes fondamentaux de la vie sociale, leur fonctionnement harmonique en est le premier besoin. Or, la science des intérêts préconise la liberté comme loi normale de leur développement; il importe donc aussitôt de savoir si les conditions de l'ordre moral sont compatibles avec cette loi; il importe de rassurer la conscience individuelle et la moralité publique contre les dangers réels ou imaginaires de la liberté économique. Le salut de la civilisation moderne, si véhémentement soupçonnée de mettre l'acquisition des richesses au-dessus de la justice et du devoir, semble, en bonne partie, suspendu à ce problème.

Nous croyons le problème désormais résolu à la commune justification de l'économie politique et de la civilisation moderne. Les façons diverses dont la question a été envisagée ont également abouti à rendre visible la concomitance perpétuelle de l'élément moral avec l'élément économique dans le monde des intérêts et le secours puissant que chacun de ces éléments prête à l'autre, loin de lui être contraire, quand ils agissent tous deux sous la direction combinée des sciences auxquelles ils appartiennent.

Un autre résultat commun des travaux accomplis sur cet important sujet a été de faire cesser la confusion que des travaux antérieurs avaient produite entre l'utilitarisme et les vrais principes économiques, ou corrélativement, entre l'intérêt bien entendu et la loi du devoir.

Mais ce dernier résultat, qui forme, à mes yeux, un véritable progrès dans les études économico-morales, n'a pas été moins dû à une intelligence plus profonde des éléments spirituels du problème qu'à une analyse plus exacte de ses données matérielles. Il a fallu évidemment, pour comprendre et démontrer la distinction radicale qui sépare l'honnête de l'utile, si bien entendu que soit ce dernier, un degré de préparation philosophique supérieur à celui qui n'avait enfanté que la confusion des deux termes. L'idée du bien moral, considérée dans son essence, appartient à la métaphysique; cette même idée, considérée dans ses racines humaines, appartient à la psychologie. La question des rapports de l'économie politique avec la morale était donc, en partie, celle des rapports de l'économie politique avec la philosophie. Elle obligeait les écrivains à pénétrer dans le domaine de la spéculation pure sous les auspices de la métaphysique et de la psychologie.

Cet abîme n'est plus difficile à sonder pour personne que pour l'économiste, habitué à l'analyse du réel, du concret et qui doit toute sa force à ce genre d'études. Cependant il n'y avait point à reculer. D'ailleurs l'étroite affinité, je dirai plus, la connexion intime de la science des richesses avec celle des idées devient chaque jour plus manifeste. Toutes les grandes assises de l'édifice industriel : liberté du travail, appropriation personnelle, immatérialité de la production, etc., reposent sur des concepts idéels. Aussi doit-on s'affliger lorsqu'on entend des économistes parler avec dédain de la métaphysique et faire preuve d'une présomptueuse ignorance en pareille matière. Mais il importe aussi de ne pas tomber dans l'excès contraire. L'imagination et le sentiment jouent souvent dans le monde de l'abstraction un rôle aussi vaste et aussi dangereux que dans l'univers tangible, et l'on y prend de la meilleure foi du monde des *entités* pour des êtres réels, des hypothèses pour des principes. L'histoire de la philosophie le démontre surabondamment.

Sur aucun point donc la question de limite n'est plus nécessaire à observer, si l'on veut fournir à l'économie politique l'appui des grandes vérités rationnelles sans mettre en péril ni son autonomie, ni la méthode d'observation qui lui est propre.

Et puis la philosophie elle-même, malgré ses immenses travaux et toutes ses glorieuses conquêtes, malgré les bienfaits sans nombre que lui doit le genre humain, n'est point encore parvenue à un degré de constitution scientifique unitaire, analogue à celui que possèdent déjà la plupart des sciences physiques. Le *dogme* et le système, les opinions préconçues et l'empirisme lui font encore sentir leur joug et maintiennent la guerre civile dans son sein. Bien des gens affirment que ce sera toujours ainsi ; que la philosophie restera éternellement vouée à l'esprit de contradiction et de secte. Pour mon compte, je ne le crois pas ; il me semble impossible que cette mère des sciences, que cette initiatrice de l'art de connaître n'arrive point tôt ou tard à revêtir ses principes essentiels de toute la puissance de certitude compatible avec les forces de l'esprit humain et avec son progrès incessant. Mais je reconnais aussi que l'œuvre n'est pas faite et je demande seulement qu'on en laisse le soin à qui de droit, sans la supposer, pour les besoins d'une doctrine ou de convictions personnelles, dores et déjà accompli.

Voilà bien des raisons pour décider l'économiste, même le mieux exercé aux débats philosophiques, à ne pas s'aventurer trop loin sur cette mer orageuse et surtout à ne pas brûler ses vaisseaux lorsqu'il prend pied sur une des îles passablement flottantes qui partagent cet océan. J'entends ici, par îles flottantes, ces systèmes, bâtis sur l'hypothèse, que la philosophie a successivement enfantés ou bien qui lui ont été imposés par la théologie, son ancien tyran, et dont le progrès du savoir moderne fait trembler sur leurs bases les fragiles fondements.

Telles sont entre autres ces théories métaphysiques, connues sous le nom de spiritualisme et de sensualisme. A la fin du dernier siècle et au commencement de celui-ci, le sensualisme plaisait davantage aux économistes philosophes. Destut de Tracy fut l'interprète le plus éminent de cette préférence. Aujourd'hui plusieurs de nos confrères ne se contentent pas de réfuter Tracy et Bentham, ils adoptent passionnément la théorie contraire. L'économie politique est adjurée par eux d'unir ses destinées à ceux du spiritualisme. « C'est, disent-ils, l'ancre du salut pour cette science. Il lui serait presque interdit de vivre autrement et d'accomplir sa mission bienfaisante dans la société. »

Je crains fort, quant à moi, qu'en agissant ainsi on ne tombe de Charybde en Scylla. Car est-il besoin d'un grand fonds d'études philosophiques et autres pour savoir combien ces termes de spiritualisme et de sensualisme présentent peu, aujourd'hui, de solidité et d'ampleur en correspondant mal à l'état actuel de la science des idées ?

IV

Il faudrait d'abord bien s'entendre sur le sens exact qu'on attache au mot de *spiritualisme*, sens qui a considérablement changé de nos jours eu égard à son emploi antérieur.

Si l'on veut exprimer par les mots de *philosophie spiritualiste* le triomphe de la raison sur tous les mobiles inférieurs de notre activité, la corrélation nécessaire du progrès matériel avec le progrès moral, l'affranchissement de l'esprit, d'une part, des doctrines immobilistes qui s'opposaient au développement de la connaissance et à la réforme des institutions sociales, d'autre part, d'un grossier matérialisme se résolvant dans la fatalité des appétits physiques et dans l'asservissement de la conscience à leur joug, on a bien raison de se dire spiritualiste, et tout homme qui comprend l'économie politique acceptera de grand cœur cette désignation.

Mais veut-on conserver au terme en question le sens que lui donnait la vieille hypothèse de l'antinomie des substances, esprit est matière ? Je ne comprends plus du tout en quoi une telle philosophie peut être nécessaire au soutien de l'économie politique. Le spiritualisme dont la science des intérêts a besoin me paraît totalement indépendant du dogmatisme de substances, et cela avec d'autant plus de raison, que ce dogmatisme a perdu, en philosophie même, à peu près toute autorité et n'y existe plus guère qu'à l'état de relique. Je vais tâcher de justifier successivement ces deux assertions.

V

La science des intérêts a-t-elle quelque chose à démêler avec l'hypothèse de la pluralité ou de l'unité de substances ?

Voyons. Quand nous avons prouvé que toute production est un acte immatériel, c'est-à-dire relevant de l'intelligence ; que la notion de la valeur se résout dans un rapport tout abstrait entre des services échangés ; qu'il existe des droits et des devoirs naturels inhérents à notre personnalité morale et qu'aucune convention écrite ne peut ni remplacer, ni violer légitimement ; que l'idée de justice est supérieure à toute revendication individuelle ou collective ; que l'intérêt ne se confond pas avec le devoir et s'y subordonne au besoin ; que le bien-être matériel n'est point pour l'homme un but, mais un moyen de perfectionnement ; que ce bien-être lui-même ne s'acquiert durablement dans une société qu'en proportion du degré d'ordre et de liberté, de moralité et d'instruction qui y règne ; que la liberté du travail n'est qu'un corollaire de la liberté de conscience et la propriété un prolongement du moi psychologique, etc., etc. Quand nous avons affirmé et démontré tout cela, vous ne croyez pas que nous ayons fait assez de bon et vrai spiritualisme? Vous exigez qu'on y ajoute un acte de foi à l'hypothèse du dualisme de substances?

— « Oui, répondra-t-on, parce que en dehors de cette hypothèse on se trouve, le sachant ou ne le sachant pas, sous l'empire du panthéisme qui n'est qu'un matérialisme et un athéisme déguisés, et au seuil duquel expire le principe de la liberté morale. Or, sans ce principe il n'y a plus ni devoir ni droit ni vertu réels, mais seulement des sensations et des instincts. »

N'ayant point du tout la mission de combattre ou de défendre le panthéisme, je me bornerai à contester l'exactitude du dilemme et de ses conséquences. Est-il vrai que le principe de la liberté morale dépende irrévocablement de l'hypothèse dualiste?

Qu'est-ce que la liberté morale? — Pas autre chose que la faculté, pour l'homme, de se déterminer et d'agir suivant les injonctions de sa conscience et les lumières de son entendement. Or la conscience et l'entendement ne sont-ils pas des organes aussi réels de notre être que nos appareils de perception externe, quel que soit ou ne soit pas leur diversité de substance? Et ces organes ont-ils moins de valeur dans une hypothèse que dans l'autre?... Que l'on parte du dualisme ou de l'unité de substance, le sentiment de l'honnête, du bien moral, ne s'impose-t-il pas également et de prime-saut à notre volonté? l'amour du juste pour lui-même ne reste-t-il pas, en toute hypothèse, un produit naturel, spontané, autochtone de notre raison? On le niera vainement : la conscience du sauvage le proclame de même que celle de l'homme civilisé, malgré que l'un comprenne tout autrement que l'autre en quoi consiste le bien pratique. Vous avez beau prétendre que si je ne *crois* pas à la spiritualité de l'âme, je ne reconnaîtrai plus d'autre loi interne que celle de la sensation ou des appétits physiques, il vous faudra admettre à votre tour ou bien que mon aspiration radicale et indestructible au juste, que mon sens moral est une sensation comme une autre, ou bien qu'il existe de soi comme mes sens existent ; dans l'un et l'autre cas, ma conscience s'affirme pareillement et déclare aussi irrésistiblement que le bien est sa loi suprême, et que ma dignité d'homme exige la subordination de mon plaisir à mon devoir, de mon intérêt particulier à l'intérêt général et de cet intérêt lui-même à la vertu, telle que mon intelligence la comprend.

Vous assurez que l'amour du bien est l'objet propre et exclusif du pur esprit. Qu'en savez-vous? Comment avez-vous pu saisir les actes d'un pur esprit? Le dévouement, l'abnégation personnelle, le sacrifice de soi à l'accomplissement du devoir, constitue apparemment un phénomène moral assez élevé, assez *spirituel*, si vous voulez. Eh bien ! l'instinct maternel ne réalise-t-il pas ce phénomène dans toute sa plénitude chez les brutes mêmes qui ne sont à vos yeux que matière, appétit physique et sensation? Le chien ne se dévoue-t-il pas jusqu'à la mort pour son maître ?

On me répondra sans doute que le dévouement de la mère pour ses petits et même celui du chien pour son maître n'ont pas de valeur morale, parce qu'ils sont instinctifs et non réfléchis; tandis que la moralité humaine gît dans le libre choix que fait notre volonté entre divers mobiles coexistant chez nous et nous poussant en sens inverse.

Je ne conteste pas l'immense supériorité de l'homme sur l'animal ni celle de la moralité réfléchie sur le dévouement instinctif. Toutefois je maintiens les conclusions suivantes.

1° Si le sacrifice de soi à un intérêt général ou à l'accomplissement d'un devoir constitue par lui-même un acte vertueux, l'animal fait acte de vertu, bien qu'il n'ait pas conscience de la valeur morale de son acte ; encore ne sommes-nous point du tout sûrs que cette conscience manque totalement à l'animal, car il y a aussi dans l'animal pluralité et divergence d'impulsions et par conséquent choix volontaire en faveur d'une de ces impulsions.

2° La conscience ou la vue plus ou moins claire des motifs qui doivent déterminer la volonté n'implique point la présence de tel mobile spécial, comme celui du devoir et ne fournit pas l'intelligence de ce en quoi doit consister l'accomplissement du devoir.

3° Si le sentiment du devoir existe comme force distincte, il n'en résulte nullement que l'on puisse affirmer que ce sentiment procède d'une autre substance que l'impulsion qui porte l'animal à se dévouer.

La supériorité morale de l'homme consiste dans un développement plus considérable du mobile vertueux et dans une compréhension plus large et plus forte des motifs qui doivent déterminer ses actes, et non pas dans la possession d'un sens lui appartenant exclusivement et sans aucune analogie de nature avec celui en vertu duquel le chien sacrifie son intérêt, son plaisir, sa vie, à l'affection qu'il porte à son maître.

L'hypothèse dualiste n'ajoute rien de fondamental au théorème de la liberté morale, si ce n'est peut-être la sanction des peines et des récompenses transmondaines attachées à l'accomplissement ou à la transgression du bien, sanction qu'on fait découler de l'immortalité de l'âme.

Mais, prenons garde, si, comme chrétiens, nous tenons l'immortalité de l'âme pour un dogme irréfragable, comme philosophe on ne peut y voir qu'une « consolante et sublime hypothèse. » (Le mot de M. V. Cousin.) Dès lors, la morale, en tant qu'elle réclamerait cette hypothèse, perdrait toute valeur scientifique et ne relèverait plus que de la théologie.

Ne sait-on pas d'ailleurs qu'en subordonnant l'obligation morale à une sanction extérieure on retombe précisément dans la moraleanti-spiritualiste, celle de l'intérêt et du calcul? Le bien ne serait plus pratiqué pour lui-même, mais par crainte d'un châtiment et par espoir d'une rémunération future.

En principe donc la tendance au bien, au juste, à l'honnête est une résultante de notre organisme intime, de quelque substance que soit pétri cet organisme. Quant à ce qu'il faut entendre par le bien, c'est œuvre de l'intelligence de le déterminer. Qu'il y ait des idées innées ou qu'il n'y en ait pas; que notre raison travaille sur des données incluses en elle dès l'origine ou qu'elle crée tout l'univers intelligible par le seul déploiement de son activité, notre destinée morale reste la même, nous aimons pareillement le bien, nous nous sentons également faits pour le rechercher et le pratiquer; à côté et au-dessus de l'attrait du plaisir et des calculs de l'intérêt, nous trouvons toujours le sentiment du devoir et l'obligation d'y soumettre nos autres penchants.

Faut-il s'étonner dès lors que la morale n'ait pas eu, dans l'âge moderne, des théoriciens plus convaincus et plus profonds que les philosophes qui ont battu en brèche les systèmes issus de l'hypothèse dualiste?

VI

Mais un scrupule me saisit. En restreignant la question d'origine de notre liberté morale à son existence phénoménale, ne suis-je point superficiel ou sceptique? Et si pareille constatation peut sembler suffisante à un économiste s'occupant de philosophie, ne fera-t-elle pas sourire les gens du métier, c'est-à-dire les philosophes eux-mêmes?

C'est ce qu'il faut voir.

L'hypothèse dualiste, la distinction d'antinomie des substances est-elle, aujourd'hui encore, dans l'état actuel de la science, une donnée essentielle, nécessaire, de la métaphysique et de la psychologie? J'ose affirmer que non. La preuve en ressort de l'ensemble des travaux accomplis depuis un siècle en philosophie, fit-on même abstraction du grand mouvement d'idées qui commence à Spinosa pour aboutir à Hégel et qui repose tout entier sur la négation de cette hypothèse.

Dans le sein de la philosophie dite *orthodoxe* que reste-t-il réellement d'admis en matière de détermination et de distinction des substances? On connaît les efforts aussi pénibles qu'infructueux de tous les pères de l'école spiritualiste, depuis et y compris Descartes, pour assigner à la matière ses caractères fondamentaux en opposition à ceux de l'autre substance et pour maintenir la vie et l'action propres de l'esprit, élimination faite de tous nos moyens de perception et de manifestation sensibles, pour concilier en un mot l'unité de l'être humain avec la coexistence en lui de deux substances totalement contraires, se contenant néanmoins l'une l'autre, agissant perpétuellement l'une sur l'autre, et ne pouvant se manifester que l'une par l'autre, tout en luttant l'une contre l'autre; après, dis-je, tant d'efforts stériles, que reste-t-il vraiment debout du dogmatisme des substances? Rien. Déjà la théorie des forces de Leibnitz lui avait porté un coup décisif; le criticisme de Kant l'a achevé, et ce n'est certainement pas l'éclectisme qui le restaurera.

En vérité, lorsque j'entends raisonner spiritualisme et matérialisme, et parler des luttes de l'esprit contre la matière, il me prend envie de rire et je me demande si les champions de cette vieille logomachie ne rient pas eux-mêmes intérieurement de la naïveté de leurs auditeurs. Doit-on croire que les gens qui perdent leur temps à de semblables discussions fassent exprès de fermer les yeux à l'évidence ou bien que ce soient des docteurs d'un autre âge, revenus tout à coup dans le nôtre, sans rien connaître de ce qui s'est dit et fait depuis deux ou trois cents ans?

Eh quoi! il nous faut opter encore entre Descartes et Condillac, entre l'esprit et la matière, absolument comme si les sciences de tout ordre aussi bien que la dialectique n'avaient convaincu d'impuissance et d'inanité l'une des deux écoles ou l'un des deux termes aussi bien que l'autre!

Qu'on daigne donc nous expliquer, au moins une bonne fois, ce que c'est que l'esprit et ce que c'est que la matière, et qu'on nous montre clairement où chacun commence et finit! « La matière, disait-on, est ce qui tombe sous les sens. » Mais est-ce que les fluides impondérables, est-ce que les forces générales, telles que l'attraction, est-ce que les instincts, les sentiments et les facultés intellectuelles de l'animal tombent sous nos sens? « La matière est inerte ou du moins n'a pas en elle le principe de son mouvement, » ajoutait-on.—Est-ce qu'il existe au contraire une seule molécule dans l'immense univers qui nous apparaisse dépourvue de cette énergie intime et pour ainsi dire personnelle en vertu de laquelle tout consent et conspire *proprio motu* aux lois de l'ordre général? « La matière ne pense pas. »—Est-ce que les animaux sont dénués du pouvoir de penser? Est-ce qu'ils ne se souviennent pas? Est-ce qu'ils ne comprennent pas? Est-ce qu'ils ne combinent pas leurs impressions et ne se déterminent pas d'après un jugement intérieur? Est-ce qu'ils n'aiment pas? L'unité et l'identité du moi ne sont-elles pas aussi indéniables en eux qu'en nous-mêmes, quoiqu'ils n'en aient point une conscience aussi claire? Il n'est aucun naturaliste qui ne l'affirme et ne le démontre. Les animaux ont donc un esprit et ne sont pas de simples automates, comme le voulait Descartes, poussé à l'absurde par la logique de son système.

Chez l'homme les facultés pensantes sont incomparablement plus fortes que chez l'animal; qui le nie? Mais sont-elles autres comme substance?... L'homme possède seul ou paraît seul posséder le sens intime, la conscience de sa propre pensée; mais n'est-ce point l'attribut subséquent de sa supériorité intellectuelle, de même que l'unité du moi dans l'animal provient simplement de sa supériorité d'organisation sur les êtres inférieurs à lui? Ainsi conçu, l'esprit humain ne me semble rien perdre de sa dignité. Il forme le degré le plus haut de la hiérarchie des êtres sur notre globe. N'est-ce point assez pour sa gloire et pour sa destinée? L'hypothèse dualiste, en rompant la chaîne, en détruisant l'unité d'essence et de construction de la vie universelle, ne fait que rendre plus insoluble le problème de notre nature.

VII

Je vois surgir ici un nouvel écueil : si l'on ne sépare plus l'homme de l'univers, si la liberté morale n'est qu'un attribut indépendant de la question de substance, il faut refaire toute la théologie naturelle. L'action providentielle et la responsabilité humaine changent de face. L'une perd le caractère supra-naturaliste, l'autre le caractère illimité que leur attribuait le dogme de l'antinomie des substances. J'en conviens et loin d'y découvrir un affaiblissement de notre personnalité morale, je pense qu'elle ne s'en trouvera par là que mieux assurée.

Ce n'est pas toutefois sans répugnance que j'aborde ce genre de considérations, qui n'offre que dangers à l'économiste, sans lui donner aucun fruit. Mais la discussion où je me suis engagé ressemble à une roue d'engrenage : dès qu'on y a mis le doigt, tout le corps y passe. On ne devra du moins imputer qu'à l'imprudence de ceux qui veulent souder l'économie politique à un système plutôt théologique au fond que rationnel, la nécessité où je me trouve de les suivre sur ce terrain, et s'il m'arrive d'opposer système à système, c'est une affaire de tactique. Je ne combats que pour le salut de notre foyer, *pro aris et focis*.

L'une des illusions principales du spiritualisme a toujours été de croire qu'en faisant de l'âme humaine une essence à part, sans analogie de nature avec le reste de l'univers créé, il la dotait d'une liberté aussi absolue que celle de Dieu, et lui octroyait le redoutable privilège d'une responsabilité aussi illimitée que si l'homme ne procédait que de lui-même.

Une telle prétention peut plaire aux théologiens, parce qu'elle sert de justification et de support à leur effroyable dogme des châtiments éternels, mais le bon sens la repousse invinciblement.

Dieu ayant tiré tout ce qui existe du *néant* à un certain moment du temps, — c'est le point de départ de la théologie spiritualiste, — que l'homme soit composé d'une ou de plusieurs substances, il n'est et ne peut être que le produit de la divine volonté. Ses rapports avec le Créateur restent ceux de cause à effet. Et à moins de supposer que le sublime ouvrier a agi sans discernement et sans but, il faut admettre que les facultés morales et physiques de l'homme, tous ses mobiles d'action, toutes ses forces ont été mesurées, dosées et combinées par l'intelligence suprême et que, par conséquent, ses actes bons ou mauvais ne sont que les résultats nécessaires et prévus du jeu des éléments qui le forment et des conditions extérieures au sein desquelles il est forcé de vivre. Je ne vois aucune place dans cet étroit mécanisme pour une liberté morale qui donnerait à la créature le pouvoir de prévaloir temporairement contre son créateur. On prétendra vainement que Dieu nous a octroyé, en sus des organes, des passions et même de l'intelligence, le libre arbitre. Séparé de tous nos motifs de détermination internes et externes, ce libre arbitre est une pure abstraction, un mot vide de sens, et la perpétration du mal par l'homme n'en tire aucune explication soutenable, vu qu'on ne fait pas le mal parce qu'on a le libre arbitre, mais bien parce qu'on cède à un penchant ou à un préjugé qui en est parfaitement distinct. Libre arbitre veut dire simplement que l'homme a reçu le gouvernement de lui-même ; or, l'homme étant un composé providentiel, le gouvernement de l'homme se réduit à une question de prédominance ou d'équilibre entre les éléments qui le constituent. Voilà pourquoi les théologiens du déisme n'ont jamais su concilier l'existence du mal avec la prescience, la toute-puissance, la sagesse et la bonté divines.

Partons au contraire de l'idée d'unité dans l'homme, dans l'univers, dans la création et en Dieu. Chaque molécule, chaque *individualité* de quelque ordre que ce soit, est dès lors une manifestation et à la fois un des modes de virtualité de la vie universelle. Chaque être particulier est donc AUTONOME, c'est-à-dire représente et possède une part d'énergie propre et intime, dans les limites de laquelle l'indépendance de l'atome est aussi absolue comme essence que celle de l'astre immense, l'autonomie de l'insecte aussi complète que celle de l'homme. C'est ce qui fait bien comprendre la portée philosophique de l'axiome baconien : *naturæ nisi parendo non imperatur.* « On ne peut dominer la nature qu'en lui obéissant, » parce qu'en effet, tout être portant sa loi en lui, on ne peut avoir prise sur cet être si l'on ne connaît et ne respecte pas cette loi. Il n'y aurait plus de science possible si les choses étaient autrement.

Cependant la virtualité propre de l'être, tout absolue qu'elle soit dans son essence, n'est que relative dans son développement, dans sa puissance d'expansion et de vie, parce que l'être particulier est fini, borné, transitoire et parce que sans cesse il subit l'influence des autres virtualités qui l'enveloppent et dont il est lui-même un des facteurs. Cela revient à dire que la liberté de chaque être est adéquate de son rôle dans le mouvement général. Pour l'homme, le plus complexe des êtres, la liberté a, entre autres attributs, celui de la moralité qui consiste à pouvoir agir sous l'impulsion de l'amour du bien en opposition ou en accord avec d'autres impulsions, inhérentes comme celle-là à notre personnalité.

Voilà les données essentielles de la conception unitaire dans ses rapports avec notre personnalité morale. Je ne dis pas que cette conception résolve *ipso facto* tous les problèmes de la théologie naturelle et de l'ontologie; je ne prétends pas que le passage de l'infini au fini ne contienne plus rien d'obscur et d'insondable pour qui adopte cette analyse. Mais j'estime que la liberté humaine y puise plus d'ampleur et de solidité, précisément parce que sa nature et ses limites en sont plus logiquement établies. Le bien et le mal deviennent des termes relatifs, correspondant l'un à l'autre et à notre destinée et dont la faible portée ne trouble en rien l'immuable sérénité de l'Être infini.

Au demeurant, qu'ai-je voulu prouver? Que la théorie de l'unité de substance doit être acceptée par l'économie politique comme expression des rapports de cette science avec la philosophie? Point du tout. Je me suis servi de l'unité de substance pour combattre le spiritualisme et non pour la lui substituer dans nos préférences. Passons, si vous le voulez, condamnation sur l'un et l'autre système, ou plutôt laissons aux hommes spéciaux la tâche aussi difficile qu'honorable de conduire à bonne fin le débat, et, en attendant, restons chez nous. Mais faut-il absolument que la science des richesses fasse son choix entre eux, — ce que je ne crois nullement — on est en droit d'examiner si le spiritualisme, malgré son titre de philosophie officielle et sa vénérable vétusté, peut donner aux sciences issues du mouvement philosophique moderne plus d'appui que ce mouvement lui-même.

Ce qu'il y a de certain, en tous cas, c'est que le spiritualisme ne figure point en tête du progrès des idées philosophiques au xixe siècle. On a beau faire du dédain ou donner les signes d'une pieuse horreur à l'endroit de la philosophie d'outre-Rhin; la vie intellectuelle, la puissance métaphysique se manifeste de ce côté avec une tout autre grandeur que dans notre sage et petit éclectisme. De Kant à Hégel, la trace est haute et lumineuse. On peut bien ne pas suivre cette trace, mais il est ridicule de la nier ou d'agir comme si on ne s'apercevait point de son éclat.

Or remarquez ce qui se passe aujourd'hui. Pendant que la France s'initie à l'œuvre des penseurs allemands et travaille à la vulgariser en y ajoutant la clarté, la grâce et ce parfum de bon sens qui sont les

attributs de son propre génie, l'Allemagne elle-même, fatiguée de spéculation et d'idéalisme transcendantaux, se concentre dans l'analyse du
sensible et creuse l'étude de la phénoménalité. Elle reconnaît enfin que
la connaissance positive ne saurait se subordonner aux *à priori* métaphysiques, si grandioses ou si raffinés qu'ils soient, et qu'il faut donner la
synthèse idéelle pour couronnement à l'édifice et non pour base.

Notre spiritualisme indigène s'inquiète peu de tout cela. Il prétend
régénérer et mettre d'accord la philosophie, la religion, la politique, la
morale, voire l'économie politique en rajustant les débris du passé dans
un système semi-rationaliste et semi-théologique, en amalgamant Platon, saint Thomas, Descartes, Bossuet et Read. En vérité, l'entreprise
est méritoire, et notre génération a bien tort de ne prendre aucun intérêt à ce vertueux passe-temps !

Au XVIII° siècle tout le monde philosophait en France ; au XIX°, personne ou à peu près. D'où cela vient-il ? — Amour du changement,
caprice de la mode, répondra-t-on. — Soit. Remarquons toutefois, à
titre de circonstances atténuantes en faveur de son caractère national,
qu'au XVIII° siècle la philosophie portait la bannière du progrès, tandis
qu'au XIX°, elle porte la bannière de l'immobilisme. Malheureusement
on a continué d'aimer le progrès en France.

VIII

Pourtant la philosophie française a fait sa petite évolution dans notre
siècle. Elle s'appelle maintenant éclectisme. En politique elle donne la
main aux doctrinaires, et en théologie aux chrétiens *modérés* en même
temps qu'aux partisans de la religion naturelle.

L'éclectisme, comme son nom l'indique, est un choix d'éléments pris
dans tous les systèmes de philosophie antérieurs. Voici comment on
raisonne à cet égard : « Chaque philosophie passée avait du bon, mais
était incomplète et péchait par l'exagération ou par l'exclusivisme de
son principe. Compléter toutes ces philosophies les unes par les autres
et les harmoniser dans un plan général et à l'aide d'un principe supérieur, tel est le but, tel est l'esprit de l'éclectisme. »

De prime abord rien ne semble plus raisonnable et plus large qu'un
semblable procédé ; rien, au contraire, en y regardant de près, n'est
plus éloigné du véritable esprit philosophique et des conditions du
progrès.

Toute la valeur du programme éclectique dépend d'une chose, de la
possession de ce « principe supérieur » qui doit faire choisir avec
sûreté parmi les éléments présents ou passés et fournir leur mode de
classement et d'union. L'éclectisme possède-t-il ce principe ?... L'idée

même de choisir ne saurait être acceptée comme principe de synthèse, apparemment, car cette idée n'exprime pas ce qui déterminera le choix.

« Le sens commun nous sert de guide, » disent les éclectiques. — Le sens commun est à coup sûr une belle faculté ; seulement qu'est-ce que cette faculté a de proprement philosophique ?... Et en supposant qu'elle possède la vertu qu'on veut ici lui attribuer, de quel droit l'école éclectique s'en adjugerait-elle le monopole (1) ?...

Allons au fond des choses. Toute philosophie se ramène à la conception ontologique d'unité ou à celle de la pluralité de substances. C'est le mode de classement le plus général et le plus exact à la fois des écoles. Les autres divisions sont subsidiaires. Il y a donc nécessité invincible. — chaque conception excluant les autres, — à ce qu'une école quelconque adopte l'une de ces conceptions pour fondement de système tout entier ; à moins qu'elle ne repousse à la fois tout principe dogmatique, ce qui forme un autre ordre de systèmes bien déterminés, lesquels s'appelleront, suivant la nuance et la méthode, criticisme, empirisme, pyrrhonisme, etc.

Mais l'école éclectique ne rentre pas dans cette dernière catégorie de systèmes : elle dogmatise fortement et s'attache à la conception platonicienne et cartésienne de spiritualisme. Elle ne réunit donc pas les diverses conceptions dans une théorie plus haute et plus complexe ; car, d'une part, elle élimine nettement la conception d'unité de substance, d'autre part, elle choisit entre les théories incluses dans la conception dualiste celle qui porte le nom de spiritualisme, à l'exclusion plus ou

***

(1) L'éclectisme croit peut-être justifier cette prétention en distinguant la raison *intuitive* ou spontanée de la raison *réfléchie*. La première serait en quelque sorte le cri du bon sens et de la conscience protestant contre les abus de la dialectique et de l'esprit de système. Mais cette distinction, si fondée qu'elle puisse être, ne sert pas à grand'chose dans le cas présent, vu que les idées qu'adopte l'éclectisme n'ont rien d'intuitif ou de spontané. Elles lui viennent de systèmes très-raffinés et très-subtils, en même temps qu'elles appartiennent à des croyances qui, certes, ne procèdent point de la *révélation* du sens commun.

L'éclectisme s'appuie encore sur l'*impersonnalité* de la raison. Si par là on entend que ce qui est démontré vrai pour un homme l'est également pour tous, — par exemple, les axiomes mathématiques, — on peut admettre l'impersonnalité de la raison comme la base commune des connaissances, comme le gage de l'universalité et de l'unité de la science. Mais si on voulait y voir un joug ou une barrière pour les convictions et les idées individuelles, l'impersonnalité de la raison deviendrait le plus dangereux ennemi de la liberté et du progrès.

moins complète des autres. Qu'importent, en effet, les emprunts partiels que l'éclectisme peut faire au sensualisme, par exemple? Son principe fondamental une fois déterminé par le dogme initial d'où il part, les emprunts aux autres systèmes ne sont chez lui que des accessoires ou des inconséquences.

Ainsi l'éclectisme admet que la sensation joue un grand rôle dans l'acquisition de la plupart de nos idées, mais il soutient en même temps que nos idées générales ne peuvent sortir que de l'essence spirituelle de notre raison. Or, toute connaissance réelle reposant sur une faculté de généralisation et y aboutissant, les idées fournies par la sensation se trouvent réduites, dans le système éclectique, à des indications ou des perceptions que l'esprit a seul puissance de féconder. L'éclectisme veut-il aller plus loin, c'est-à-dire accorder à la sensation le privilège de créer par elle-même des idées? il recèle dès lors les deux principes contradictoires et se réduit à un grossier synchrétisme, car il reconnaît que la matière pense, ce qu'aucun spiritualiste conséquent n'admettra jamais. Si la matière pense, à quoi bon deux substances?

Il est donc impossible de voir dans l'éclectisme autre chose qu'un in-génieux arrangement en vue de rajeunir les théories anciennes et de suppléer à l'invention d'un principe nouveau. Ce genre de travail donne sans doute carrière à l'érudition; il peut même suffire à l'ensei-gnement classique dont le but essentiel est d'initier la jeunesse à l'in-telligence des faits acquis; mais il ne signifie rien pour l'opinion publique, qui ne comprend l'utilité de la philosophie que comme solu-tion des grands problèmes de la vie et de la destinée humaine. C'est pourquoi l'éclectisme n'est, aux yeux du vrai public, qu'un cartésia-nisme énervé et alambiqué.

Comment une telle doctrine donnerait-elle satisfaction au besoin du progrès philosophique et social de notre temps?

L'éclectisme fournirait-il une combinaison réelle des théories passées et présentes qu'il n'aurait encore aucun rapport avec une phi-losophie de progrès. Où a-t-on vu que le progrès consistât à colliger les choses anciennes, comme l'abeille butine le suc de toutes les fleurs pour en former son miel? La loi du progrès est tout autre. Elle réside dans une transformation ascendante des idées par le développement de la connaissance, transformation qui substitue aux conceptions anciennes des conceptions nouvelles et qui ne réalise l'avénement de celles-ci qu'au prix de l'abandon de celles-là. Prétendre que le progrès se réduit à choisir entre les choses qui existaient déjà et à combiner des éléments connus, c'est supposer qu'il n'y a plus rien de nouveau à trouver, c'est nier précisément ce qui forme l'essence du progrès.

L'éclectisme tourne donc le dos au progrès philosophique. Il fait plus encore, il enlève à la philosophie son caractère scientifique, et donne

gain de cause à ceux qui déclarent cette branche d'études éternellement
vouée à la contradiction des systèmes, par cette raison, qui est le fond
de l'éclectisme, que toutes les conceptions fondamentales étant épuisées,
une école nouvelle n'a pas d'autre alternative que celle de choisir, au
gré de son tempérament ou de la mode, parmi les théories existantes
ou de les combiner entre elles. Cette manière d'envisager le sort de la
philosophie réjouit fort les doctrinaires et les théologiens, parce que,
pour les premiers comme pour les seconds, il ne s'agit plus maintenant
que de replâtrage, de juste-milieu ou de restauration. Mais on peut
douter qu'aucun des hommes qui croient à la valeur scientifique de la
philosophie et à sa mission sociale, s'en arrangent.

Je ne vois point ici de transaction possible. Ou bien la philosophie
est une vraie science et, comme telle, obéit aux mêmes lois de forma-
tion et d'avancement que toutes les autres sciences, ou bien elle n'est
qu'une ingénieuse gymnastique de l'esprit, sans portée quant au progrès de la connaissance et des idées humaines. Mais quoi! ces lois ne
sont-elles pas dues à la philosophie elle-même? Ne sont-ce pas les pro-
cédés d'étude découverts et prescrits par les fondateurs de la philosophie moderne qui ont ouvert la voie du progrès à toutes les sciences
et guidé, depuis trois siècles, leurs pas? La philosophie étant donc une
science, a suivi nécessairement la marche de développement régulier qui
est inhérente à toute science, et chacune de ses évolutions dogmatiques
a été un progrès.

Au xvi⁰ siècle l'inauguration du principe de libre examen donnait à la
philosophie rationnelle la possibilité d'exister. Au xvii⁰, elle s'ar-
racha des entraves de la scolastique et de la théologie, elle détermina
son domaine et créa sa méthode. Mais, pour accomplir une si grande
révolution, elle dut renouer les traditions du rationalisme antique qui
s'était lui-même infusé dans le supra-naturalisme chrétien. La philosophie du xvii⁰ siècle fit donc à ce supra-naturalisme toutes les concessions
qu'entraînait l'illogisme de sa position. Le xviii⁰ siècle avait évidemment pour mission de rompre cette dernière chaîne. Mais les études
analytiques n'ayant pas encore amassé assez de matériaux pour l'érec-
tion d'une synthèse neuve et scientifique à la fois, le xviii⁰ siècle pro-
céda surtout par les contraires et combattit le spiritualisme platonicien
et supra-naturaliste du siècle précédent avec le sensualisme et le natu-
ralisme insuffisant qui se correspondaient. Le xix⁰ siècle ne peut donc
pas plus adopter les conclusions du xviii⁰ siècle que celles du xvii⁰. Les
efforts de la dialectique et le progrès des connaissances positives ayant
également ruiné les deux termes de l'hypothèse dualiste, la philosophie
doit chercher son principe de construction dans une sphère plus haute
et plus vaste. Ainsi fuit-elle, en dépit des tentatives de recul ou d'immobilisme qu'elle subit.

Suivant l'éclectisme, la philosophie aurait trouvé depuis Descartes et même depuis Platon, sa véritable base, et le xviii° siècle n'exprimerait pas un progrès réel de cette science. Le xviii° siècle ne devrait donc être tenu que pour une déviation ou une décadence dans l'ordre philosophique. Mais cette manière de voir n'est pas seulement une grande hérésie à l'endroit de la science et du progrès, c'est une insulte à la civilisation moderne, c'est un blasphème! Le xviii° siècle, tout brûlant d'un saint amour de l'humanité, dévoué jusqu'au plus ardent héroïsme à la vérité et à la justice, nous a donné la liberté politique, religieuse, civile et économique. Ce siècle *matérialiste* a brisé les fers de l'esclave et que le spiritualisme supra-naturaliste resserrait; il a frappé au cœur l'intolérance cléricale; il a restitué à l'homme sa dignité et ses droits naturels; il a proclamé l'égalité sociale de la femme avec l'homme, des pauvres avec le riche; il a produit enfin la plus sublime explosion des sentiments de moralité sociale et de fraternité dont les annales de l'histoire fassent mention! Le xviii° siècle a enfanté les principes de 89.

S'il faut juger l'arbre à ses fruits, qu'on nous montre ceux du spiritualisme du xvii° siècle, en les opposant à ceux du sensualisme du xviii°, et nous jugerons lequel fut un progrès sur l'autre.

On veut nous faire croire que les sciences morales et politiques ne sauraient vivre pleinement et moralement sans l'appui de la philosophie du xvii° siècle, du siècle de Louis XIV et de Bossuet, qui fut grand sans doute, et vint à son heure, mais dans lequel la morale était inféodée à la théologie, la politique au droit divin, la jurisprudence aux priviléges de caste et au bon plaisir monarchique, l'économie politique au gouvernement absolu! Cette dernière science, la nôtre, aurait-elle jamais existé sans le xviii° siècle ou sans le mouvement d'idées qu'il représente?... Quel pas, quel progrès le spiritualisme de substance a-t-il fait faire à une science quelconque? Qu'on le sache bien, ce spiritualisme-là est du supra-naturalisme pur, autrement dit, un auxiliaire de la théologie. Or, qui dit théologie dit mort de la science, mort de la raison, mort de l'esprit humain, car il dit absolutisme de la foi!

L'éclectisme aurait-il la puissance de résoudre ces formidables antinomies? Hélas, il ne peut pas même s'affirmer comme système vivant de sa propre vie, car tout en lui est d'emprunt. Il n'est qu'un timide compromis entre des forces contraires et qui protestent les premières contre l'union factice qu'on leur impose. L'éclectisme entre les libres penseurs et les croyants joue le rôle du fer entre l'enclume et le marteau.

Il a cependant du mérite. Il correspond à l'état d'incertitude d'un grand nombre d'esprits et fournit à quelques écrivains d'élite le moyen d'exprimer des vérités pratiques sans rompre trop violemment avec les préjugés encore redoutables.

Au résumé, que chacun en use à cet égard selon son jugement. L'économie politique n'a ici qu'une réclamation à élever, c'est qu'on ne compromette pas son indépendance en lui prescrivant des alliances non moins inutiles qu'équivoques.

FIN

398. — PARIS — IMPRIMERIE POUPART-DAVYL ET Cᵉ, RUE DU BAC, 30.

www.ingramcontent.com/pod-product-compliance
Lightning Source LLC
Chambersburg PA
CBHW060527200326
41520CB00017B/5153